L'amore nell'immaginario dei popoli

Come principio femminile e principio maschile si integrano

Alessandra Chiara Mansueto

DEDICA

Questa piccola ricerca è stata per me la scoperta di idee
feconde e da sviluppare.
Non posso che dedicarla a tutti quelli che mi vogliono bene
e ai loro amori.

CONTENUTI

1 INTRODUZIONE

Tutti noi almeno una volta abbiamo avuto l'impressione di provare quel sentimento sfuggente che è l'amore (intendendo per amore l'affetto e la necessità di unione tra uomo e donna). Ma cosa sia effettivamente l'amore si dà spesso per scontato, per questo ho provato a interrogarmi sulla sua vera natura. Il mio pensiero si è allora perso nella relatività delle percezioni soggettive; e nelle interpretazioni sempre diverse che ne hanno dato nella letteratura, nella filosofia e nell'arte autori di tutto il mondo. Spinta dalla curiosità mi sono improvvisata ricercatrice, e ho chiesto ai miei parenti e amici cosa fosse l'amore. Inutile dire che ognuno dava risposte diverse e vaghe, qualcuno, deluso, ne negava persino l'esistenza, mal celando l'importanza che continuava ad attribuirgli. Sono dunque giunta alla conclusione che, in quanto sentimento interno alla psiche umana, l'amore sia razionalmente indefinibile. Eppure non si può negare l'importanza di tale sentimento, che nelle sue molteplici forme, interpretazioni e fraintendimenti, percorre la cultura dei popoli di tutto il mondo, esplicitandosi spesso in forme e simboli simili. Affascinata da questo continuo ritorno dell'uomo all'amore, e accettata l'impossibilità di parlare dell'amore con l'oggettività di quando si definisce un essere esistente in sé e per sé, ho orientato la mia ricerca in un modo diverso. Poiché l'amore esiste nell'uomo, e dall'uomo è continuamente rappresentato, ho deciso di analizzare le forme ridondanti che esso prende nell'immaginario popolare, e cioè nei modi di rappresentazione più vicini alle persone comuni, lontane dai livelli teoretici e raffinati di alcuni studiosi e letterati. Con la mia ricerca mi avventuro in un'area vastissima, e non pretendo certo di essere esaustiva, ma solo di mostrare come l'amore sia raccontato in modi simili in epoche e luoghi diversi. Spero di riuscire a trasmettere il fascino di questi continui richiami tra esseri umani lontani nel tempo e nello spazio, tra popoli accomunati dalla loro natura umana e dalla necessità di rappresentare e raccontare l'amore. Partendo dunque dalla rappresentazione dell'amore nell'immaginario popolare della Grecia Antica, e passando per la favola latina di Amore e Psiche, si giunge alle favole e alle ballate tramandate in epoca medievale e moderna. Durante questo percorso, utilizzando anche le interpretazioni di diversi studiosi, si scopre che l'immaginario popolare propone innumerevoli soluzioni per l'integrazione tra principio femminile e principio maschile, tra sessualità istintiva e anima razionale. Tali soluzioni presentano spesso tratti comuni, ma anche sfumature diverse in relazione alla cultura dei luoghi di trasmissione. Sarebbe interessante trattare favole di tutto il mondo per scoprire come alcuni temi, considerati da Jung espressioni degli archetipi dell'inconscio collettivo, si ripetano simili nelle loro fondamenta; tuttavia in questa circostanza ci si è dovuti limitare ad analizzare pochi esempi particolarmente significativi, inerenti alla sola cultura europea.

2 L'ANTICA GRECIA

Esistevano fin dall'antichità due diversi filoni popolari di rappresentazione dell'amore: quello ironico e licenzioso e quello idealizzante.

Il filone ironico è rappresentato in primis da Aristìde di Mileto, che attorno al 100 a.C., attingendo al repertorio popolare e tradizionale della Ionia d'Asia, compose una raccolta di novelle erotiche intitolata Μιλησιακά (Storie milesie). Grazie alla fama dell'opera, Μιλησιακά e fabulae Milesiae divennero dei titoli di genere applicabili a qualsiasi tipo di racconto erotico. I racconti originali non ci sono arrivati, ma ne abbiamo testimonianza nelle novelle inserite nei romanzi di Petronio e Apuleio: la materia amorosa viene trattata con uno sguardo disincantato, e i valori morali correnti vengono ridicolizzati nel confronto con una realtà dominata dal desiderio sessuale e dal denaro. Ricordiamo ad esempio La matrona di Efeso, inserita da Petronio nel Satyricon: essa racconta di una matrona che, pur sembrando un "verum pudicitiae amorisque exemplum," cede alle lusinghe di un soldato proprio mentre veglia sulla tomba del marito, e per salvarlo lascia che la salma del marito venga appesa ad una croce.

Il filone idealizzante è rappresentato dal romanzo greco; il primo esempio di questo genere che ci è giunto è il cosiddetto Romanzo di Nino, risalente al I secolo a.C., del quale ci rimangono solo pochi frammenti. Ci sono inoltre arrivati cinque romanzi interi. Il romanzo greco era dedicato all'intrattenimento e allo svago di un pubblico medio borghese in genere non particolarmente colto, proponeva quindi un sistema di valori (l'importanza data all'amore, alla purezza, ai buoni sentimenti...) nei quali questa categoria di lettori potesse rispecchiarsi. Pur derivando il romanzo greco dalla combinazione di diversi generi, tra i quali spiccano la letteratura di viaggi, la commedia nuova, la storiografia ellenistica, l'epica, e l'elegia erotica, è ben evidente in esso anche il rapporto con le leggende locali, studiato da Bruno Lavagnini. L'uomo greco nel periodo dell'ellenismo, non avendo più un ruolo attivo nella comunità e avendo perduto le antiche certezze, rielabora il ricco patrimonio di leggende e di miti spogliandolo di ogni valore religioso, interessandosi più ai sentimenti individuali che al valore degli eroi: da eroico il mito diventa erotico. Dunque gli antichi miti e leggende si umanizzano e vengono a costituire la materia per il romanzo.

Nel romanzo greco sono narrate le vicende amorose di giovani bellissimi e virtuosi. La ragazza e il ragazzo s'innamorano solitamente a prima vista (fanno eccezione Dafni e Cloe nel romanzo di Longo), senza riuscire a resistere mettono a nudo il proprio amore, in alcuni casi si sposano, vengono infine separati per lungo tempo da molteplici sventure. Entrano così in scena pirati, briganti, anziane padrone licenziose che insidiano la purezza del ragazzo, e uomini invaghiti che tentano di sedurre la ragazza. Dopo complesse vicende i due giovani si ritrovano e, se non si erano sposati in precedenza, celebrano il matrimonio: termina così il romanzo con un immancabile lieto fine.

Tre elementi principali concorrono nella costituzione del romanzo greco: lo sviluppo del sentimento, lo svolgimento di un'azione talora complicatissima e piena di sorprese, l'ostentazione più o meno palese della cultura dell'autore. L'elemento che interessa la nostra ricerca è lo sviluppo del sentimento amoroso tra i due giovani, della cui indispensabilità ci dà prova Caritone designando la propria opera pathos erotikon. L'amore, nel romanzo greco, è prima e soprattutto desiderio di bellezza; è infatti la bellezza che caratterizza le protagoniste e i protagonisti, affermando la loro superiorità anche spirituale sul resto del popolo. L'amore della persona bella segna inoltre le prime tracce di un'elevazione spirituale. Si scorge tuttavia una commistione tra l'importanza data al corpo e alla sua bellezza, legata al paganesimo morente, e l'importanza data all'anima, derivata dalle nuove fedi orientali.

L'amore nasce di solito dal primo sguardo, e da lì cresce fino a non potersi più nascondere, fino a diventare se non appagato una malattia fisica e un'ossessione. Inizialmente i protagonisti sono spesso inesperti per quanto riguarda l'amore, a volte persino avversi ad esso; ma quando l'amore li colpisce non possono sottrarvisi, e attraverso molteplici avventure imparano a conoscerlo.

L'amore nel romanzo greco ha inoltre come scopo diretto le nozze; esse sono decise solitamente dal padre dei giovani, che può accontentare o meno i loro desideri. Nel caso di matrimoni forzati viene evidenziato il contrasto tra le nozze e la morte, che appaiono in tali situazioni tanto simili; ma sempre il romanzo si chiude con un lieto fine rappresentato dalle nozze felici dei due protagonisti.

L'amore si esprime nel romanzo greco anche attraverso la gelosia, sentimento forte e irrazionale che porta spesso gli stessi protagonisti a commettere azioni riprovevoli (ricordiamo per esempio Cherea, che per gelosia colpisce l'amata Calliroe rischiando di ucciderla).

Grande importanza acquistano anche i giuramenti che si scambiano gli amanti, consacrando la promessa di rimanere puri e casti per tutta la durata delle avversità. E proprio nella purezza degli amanti consiste l'idealizzazione di amore che propone il romanzo greco, e la più grande virtù dei protagonisti; costoro non hanno infatti più alti intenti morali, anzi si abbandonano spesso a sentimenti impulsivi propri di animi moralmente poco coscienti.

Un altro significativo leitmotiv che caratterizza il romanzo greco è quello delle morti apparenti, che si ritrova in molte fiabe successive.

Consuelo Ruiz-Montero, compiendo un'analisi strutturale del romanzo greco, chiarisce come i cinque romanzi rimastici appartengano ad uno stesso modello strutturale. L'equivalenza del loro livello più profondo si giustifica, secondo lo studioso, con il fatto che alcuni romanzi servono da modelli ad altri posteriori, che li imitano. Ma se ci chiediamo cosa imitava il primo romanzo, allora dobbiamo ricordare che la base morfologica dei romanzi più antichi coincide con quella della fiaba, per cui si può affermare in ultima analisi che il modello è di tipo orale e popolare. Scrive Ruiz-Montero: "La fiaba appare ora razionalizzata, trasformata, mascherata: è stata, riassumendo, oggetto di tutto un trattamento da parte della scuola di retorica." Per questo motivo, come nelle fiabe, nel romanzo i protagonisti, dopo un primo incontro con la passione amorosa, devono superare difficili prove. Potranno così raggiungere una felicità che è intesa come integrazione della passione amorosa con le regole sociali; per questo il lieto fine, come nelle favole, è rappresentato dal matrimonio.

Scendendo ancor più nel dettaglio, Karoly Kerènyi riconduce le sofferenze d'amore delle coppie dei romanzi alle vicende di Iside e Osiride. Secondo il mito, la felicità dei due dei sarebbe stata interrotta dall'assassinio di Osiride, fatto a pezzi dal fratello Set e ricomposto dalla moglie dopo lunghe ricerche; alla fine delle avversità Osiride resuscita e la coppia si ricongiunge. Rifacendosi a questa teoria, Reinhold Merkelbach definisce i romanzi greci come testi iniziatici, che mostrerebbero un percorso verso l'unione mistica con il dio, da seguire attraverso le prove della vita, la morte (ricordiamo le morti apparenti) e la resurrezione. Pur non volendo ritenere infallibile tale interpretazione, è probabile che, seppur svuotato del suo significato strettamente religioso, anche il mito di Iside e Osiride abbia dato al romanzo greco una struttura da ricalcare.

Dovevano probabilmente esistere anche romanzi greci non idealizzanti e di diverso genere, ad esempio quelli ai quali si è ispirato il Satyricon di Petronio (di tematiche satiriche e sessuali), ma non ci sono arrivati a causa della selezione bizantina, che ha privilegiato storie moralistiche di amori puri e contrastati.

3 AMORE E PSICHE

Apuleio inserisce nel suo romanzo Le Metamorfosi diverse fabulae milesiae, ma una in particolare si distingue dalle altre: quella di Amore e Psiche. Essa infatti non ha, come le altre novelle, il solo scopo di divertire il lettore, ma importanti implicazioni allegoriche. La storia di Amore e Psiche narra di una fanciulla mortale dalla bellezza eguale a Venere, Psiche, che in seguito a una terribile profezia diventa sposa di Cupido, senza tuttavia conoscere l'identità del marito (che secondo l'oracolo avrebbe dovuto essere un mostro serpentiforme), poiché egli le si presenta solo nell'oscurità della notte. Cupido le chiede di non spiare le sue fattezze, ma su istigazione delle invidiose sorelle Psiche lo illumina con una lampada: è dunque costretta, prima di potersi ricongiungere al suo divino consorte, ad effettuare una serie di prove propostele dalla gelosa Venere, al termine delle quali otterrà l'immortalità e la felicità. Appaiono subito grandi le somiglianze con il romanzo greco, infatti anche in quello i protagonisti dovevano soffrire prima di giungere all'amore felice coronato dal matrimonio.

Non mi soffermerò ora sull'importanza che tale storia prende nell'ambito del romanzo all'interno del quale è narrata, ma sul suo valore intrinseco. È Bruno Bettelheim a studiare i significati più reconditi celati nella forma letteraria di questa novella come di tutte le fiabe che ne derivano. Secondo lo studioso, la tradizione occidentale delle favole sullo sposo-animale, in cui il protagonista (solitamente un'eroina) è obbligato a sposare un individuo dalle sembianze animalesche, comincia con la novella di Amore e Psiche; anche se Apuleio si rifà sicuramente a fonti più antiche. La fiaba più conosciuta appartenente a questo tipo è La Bella e la Bestia; solitamente l'animale è di sesso maschile, di aspetto disgustoso e feroce, e può essere liberato dall'incantesimo solo dall'amore di una donna.

L'interpretazione psicanalitica individua nel racconto il cambiamento da parte della giovane donna della concezione della sessualità maschile.

Bettelheim scrive che, il neoplatonico Apuleio, trasformò quella che probabilmente era un'antica fiaba greca su una fanciulla sposata con un mostro serpentiforme, nell'allegoria descritta da Robert Graves, secondo il quale la storia di Amore e Psiche simboleggia il progresso dell'anima razionale (Psiche in greco significa "anima") verso l'amore intellettuale. Tuttavia nell'interpretazione di Bettelheim ciò viene considerato vero ma incompleto. Ricordiamo prima di tutto che il nome Cupido, usato da Apuleio, allude ai desideri sessuali. La giovane fanciulla, priva di esperienza, prova un'informe angoscia relativamente alla sessualità, angoscia che si esprime visivamente nella predizione che Psiche verrà portata via da un orribile serpente. Il corteo funebre che accompagna Psiche allude alla morte della verginità, e ricorda i matrimoni forzati che nel romanzo greco erano comparati alla morte. La prontezza con cui Psiche si lascia convincere dalle due sorelle maggiori a considerare Eros un serpente e ad ucciderlo, evidenzia i forti sentimenti negativi che la ragazza inconsciamente prova contro colui che le ha tolto la verginità. Costui, come ha privato la fanciulla della sua verginità, merita in qualche misura di essere privato della propria virilità, da qui il piano di Psiche di tagliare la testa ad Eros. Secondo Bettelheim inoltre, la piacevole ma monotona vita che Psiche passa nel palazzo dove era stata portata dal vento, e dove tutti i suoi desideri erano esauditi, allude ad una vita ancora narcisistica, propria di una dimensione infantile ed autoreferenziale; dunque nella fanciulla l'autocoscienza non sarebbe ancora matura. Gli innocenti trastulli sessuali di Psiche sono lontani dall'amore maturo e cosciente, basato anche sull'esperienza di sé, del mondo e del dolore. Psiche tenta di giungere alla conoscenza quando, ignorando l'avvertimento di Cupido, spia con la luce le fattezze del dio; ma poiché non è possibile ottenere la conoscenza in un solo colpo, Psiche è punita, obbligata a soffrire e a superare molte prove prima di giungere effettivamente ad essa. La ragazza, essendosi improvvisamente trovata davanti agli occhi la vera natura della sessualità, per accettarla fino in fondo e riconciliarsi ad essa con il matrimonio deve sconfiggere le sue paure, cambiare sé stessa e rinascere.

Le dolorose avversità affrontate da Psiche simboleggiano anche le difficoltà incontrate dall'uomo quando le più nobili qualità psichiche (Psiche) devono sposarsi alla sessualità (Eros). Psiche che attraversa l'oltretomba e ritorna sulla terra, rappresenta l'uomo spirituale che deve rinascere per accettare consapevolmente Eros. Questo aspetto non può che ricordarci le innumerevoli morti apparenti del romanzo greco. Occorre sottolineare, sulla scia di Marie-Louise von Franz, che a raccontare la novella di Amore e Psiche è Apuleio, un uomo; Psiche rappresenta dunque alcuni aspetti dell'Anima dell'uomo (intendendo per Anima il termine junghiano che indica la personalità interiore dell'uomo, contenente le qualità che fanno difetto all'atteggiamento cosciente e per cui in particolare qualità femminili, che non possono esprimersi nell'atteggiamento cosciente virile). Ma ciò non significa che la storia non rappresenti anche alcuni aspetti della psicologia femminile, in quanto "La donna esercita un'influenza sull'Anima dell'uomo, così come l'Anima dell'uomo la esercita sulla donna. La donna educa e trasforma l'Eros dell'uomo. [...] Così come l'Anima dell'uomo ha molte caratteristiche della madre, che è stata la sua prima esperienza del femminile, anche le altre donne che egli incontrerà eserciteranno una forte influenza sull'edificazione della sua Anima e del suo rapporto con la funzione dell'Eros." Ed è per questo che anche Cupido (personaggio prettamente maschile) nel corso della novella matura, diventando più serio e responsabile; mentre possiamo notare che in principio era capriccioso e molto simile alla madre Afrodite. Dunque Psiche rappresenta sia la donna, sia la stessa Anima maschile. Ma poiché la novella è raccontata da un uomo, Psiche rappresenterà soprattutto la donna come l'uomo l'immagina, in conformità alla propria Anima. Così l'immagine della donna reale e l'immagine dell'Anima dell'uomo si confondono più o meno in una stessa realtà psicologica, e questo succede in molte fiabe. Abbiamo tuttavia anche fiabe tramandate oralmente da donne, come indicato da chi le ha raccolte. In tali fiabe domina solitamente la figura reale della donna sull'Anima dell'uomo.

Esiste anche un'interpretazione etnologica della novella di Amore e Psiche e di tutte le fiabe che ne derivano, spiegata da Calvino nell'introduzione alla sua raccolta di fiabe italiane: Psiche sarebbe la ragazza che vive nelle case in cui i giovani sono segregati nell'ultimo periodo della loro iniziazione. Costei giace ogni notte con un giovane diverso, travestito da animale o celato dal buio così da non essere riconosciuto. Resta così nella giovane la sensazione di giacere ogni notte con la stessa persona, infatti costei non può riconoscere i ragazzi. Finito il periodo d'iniziazione i giovani ritornano alle loro case per sposarsi e crearsi una famiglia, dimenticando così la ragazza che li aveva iniziati all'amore. Il racconto nasce dalla decadenza di quest'istituzione: rappresenta un amore nato durante l'iniziazione e condannato a essere spezzato dalle regole sociali, ma salvato dalla ragazza, che si ribella ritrovando il giovane amato. "Dimenticati gli usi da millenni," scrive Calvino, "la trama del racconto vive ancora di questo spirito, rappresenta ancora ogni amore che una legge o una convenzione o una disparità tronca e vieta."

4 LE FIABE

Molte fiabe, sia quelle del tipo di Amore e Psiche sia quelle di altro tipo, parlano dell'amore. Analizzerò due fiabe europee per mostrare alcuni aspetti dell'amore nell'immaginario e nell'inconscio popolare. Mi avvarrò soprattutto dell'interpretazione della scuola analitica di Jung, secondo il quale le fiabe sono l'espressione più pura dei processi psichici dell'inconscio collettivo, e rappresentano gli archetipi in forma semplice e concisa. Certamente, come spiega lo stesso Jung, le forme nelle quali gli archetipi si esprimono in modo naturale (sogni e fiabe) sono le migliori possibili, e noi analizzandole e svelandole non potremo mai raggiungere la profondità che esse hanno. Ma l'interpretazione risulta comunque importante, in quanto ci apre un mondo che con il solo aiuto del nostro conscio non saremmo stati capaci di scorgere. Secondo Marie-Louise von Franz inoltre, come i sogni, le fiabe contengono tutti gli aspetti che sono stati rimossi dalla parte conscia della società e degli uomini che ne fanno parte, e mostrano come questi aspetti dovrebbero essere riconciliati con essa. Come abbiamo visto nella novella di Amore e Psiche, l'immaginario popolare propone diversi modi di integrazione tra mondo femminile e mondo maschile, tra sessualità istintiva e anima razionale.

Biancaneve e Rosarossa (Grimm, N. 161)

C'era una volta una povera vedova, che viveva sola nella sua capannuccia, e davanti alla capanna c'era un giardino con due piccoli rosai; l'uno portava rose bianche, l'altro rose rosse. E la donna aveva due bambine, che somigliavano ai due rosai: l'una si chiamava Biancaneve, l'altra Rosarossa.

Erano così buone e pie, diligenti e laboriose, come al mondo non se n'è mai viste; soltanto, Biancaneve era più silenziosa e più dolce di Rosarossa.

Rosarossa preferiva correre per campi e prati, coglier fiori e prendere farfalle; Biancaneve se ne stava a casa con la mamma, l'aiutava nelle faccende domestiche, o, se non c'era niente da fare, le leggeva qualcosa ad alta voce. Le due bambine si amavano tanto, che si prendevano per mano tutte le volte che uscivano insieme; e se Biancaneve diceva: "Non ci separeremo mai!", rispondeva Rosarossa: "No, mai, per tutta la vita!", e la madre soggiungeva: "Quel che è dell'una, dev'esser dell'altra".

Spesso le due bambine andavan sole per il bosco a raccoglier bacche rosse; gli animali non facevan loro alcun male, ma si avvicinavano fiduciosi: il leprotto mangiava una foglia di cavolo dalle loro mani, il capriolo pascolava al loro fianco, il cervo saltava allegramente lì vicino, e gli uccelli restavano sui rami e cantavano tutte le loro canzoni. Alle due sorelle non capitava nulla di male: quando si erano attardate nel bosco, e le sorprendeva la notte, si coricavano sul muschio, l'una accanto all'altra, e dormivano fino alla mattina; la mamma lo sapeva e non stava mai in pensiero.

Una volta, che avevano pernottato nel bosco, quando l'aurora le svegliò, videro un bel bambino seduto accanto a loro, con un bianco vestito scintillante. Il bimbo si alzò e le guardò amorevolmente, ma non disse nulla e s'addentrò nel bosco. E quando si guardarono intorno, s'accorsero di aver dormito sull'orlo di un abisso, dove sarebbero certo cadute se avessero fatto altri due passi al buio. Ma la mamma disse che certo quello era l'angelo che veglia sui bambini buoni.

Biancaneve e Rosarossa tenevan così pulita la capannuccia della madre, che era una gioia vederla. D'estate Rosarossa sbrigava faccende di casa e ogni mattina, prima che la mamma si svegliasse le metteva vicino al letto un mazzo di fiori, con due rose dei due alberelli. D'inverno Biancaneve accendeva il fuoco e appendeva paiolo; il paiolo era d'ottone, ma brillava come oro, tant'era lustro La sera, quando nevicava, la mamma diceva: "Va', Biancaneve metti il catenaccio". Poi sedevano accanto al focolare, la mamma prendeva gli occhiali e leggeva ad alta voce un librone; e le due fanciulle stavano a sentire, filando; per terra, accanto a loro, e sdraiato, c'era un agnellino, e dietro, su un bastone, c'era un piccioncino bianco con la testa nascosta sotto l'ala.

Una sera, mentre se ne stavano tutte e due insieme, qualcuno bussò alla porta, come se volesse entrare. La madre disse: "Svelta, Rosarossa, apri: sarà un viandante che cerca ricovero".

Rosarossa andò a levare il catenaccio e pensava che fosse un povero; ma invece era un orso, che sporse dall'uscio la sua grossa testa nera. Rosarossa strillò e fece un salto indietro, l'agnellino belò, il piccioncino svolazzò, e Biancaneve si nascose dietro il letto della mamma. Ma l'orso si mise a parlare e disse: "Non abbiate paura, non vi farò niente di male; sono mezzo gelato e voglio soltanto scaldarmi un po' con voi".

"Povero orso," disse la madre "mettiti vicino al fuoco e

bada soltanto di non bruciarti il pelo".

Poi gridò: "Biancaneve, Rosarossa, venite fuori! L'orso non vi farà niente, non ha cattive intenzioni".

Allora s'avvicinarono entrambe; e a poco a poco si accostarono anche l'agnellino e il piccioncino, e non ne avevano più paura.

L'orso disse: "Bambine, scuotetemi un po' di neve dalla pelliccia!", ed esse andarono a prender la scopa e gli spazzarono il pelo; e l'orso si sdraiò accanto al fuoco, e mugolava, contento e soddisfatto. Non andò molto che fecero amicizia, e le bimbe si misero a fare il chiasso con l'ospite maldestro. Gli tiravano il pelo con le mani, gli mettevano i piedini sulla schiena e lo spingevano di qua e di là; o prendevano una verga di nocciolo e lo picchiavano, e quando mugolava ridevano. L'orso s'adattava a tutto; soltanto, quando passavano il segno, gridava:

"Lasciatemi vivere, bambine!

O Biancaneve, e tu, Rosarossa,

al pretendente scavi la fossa".

Quando fu tempo di dormire e le bimbe andarono a letto, la madre disse all'orso: "Resta qui, accanto al fuoco, in santa pace: così sei protetto dal freddo e dal brutto tempo".

Appena albeggiò, le due bambine lo fecero uscire ed egli entrò nel bosco, trottando sulla neve.

E poi, tornò ogni sera, alla stessa ora: si sdraiava accanto al focolare e permetteva alle bambine di prendersi spasso di lui fin che volevano; ed esse ci si erano così abituate, che non mettevano il catenaccio prima che fosse arrivato il loro nero amico. Quando giunse la primavera e fuori era tutto verde, una mattino l'orso disse a Biancaneve: "Adesso devo andar via, e per tutta l'estate non posso più tornare".

"Dove vai dunque, caro orso?" domandò Biancaneve.

"Devo andare nel bosco a difendere i miei tesori dai cattivi nani: d'inverno, quando la terra è gelata, devono stare sotto e non possono farsi strada, ma adesso che il sole ha sgelato e riscaldato la terra, l'aprono a forza, risalgono, frugano e rubano. Quel che finisce nelle loro mani, nascosto nelle loro caverne, non torna tanto facilmente alla luce".

Biancaneve era tutta triste per quell'addio; e quando gli aprì la porta, l'orso, passando in fretta, restò attaccato all'arpione e gli si lacerò un pezzo di pelle; e a Biancaneve parve che ne trasparisse dell'oro, ma non ne fu ben sicura. L'orso corse via in fretta e ben presto sparì dietro gli alberi. Dopo qualche tempo, la madre mandò le bambine nel bosco a cogliere la stipa.

Fuori videro, disteso al suolo, un grande albero: era stato abbattuto, e presso il tronco, nell'erba, qualcosa saltava su e giù, ma non potevano distinguere cosa fosse. Avvicinandosi, videro un nano con una vecchia faccia grinzosa e una candida barba lunga un braccio. La punta della barba era incastrata in una fessura dell'albero e il nano saltava di qua e di là, come un cagnolino al guinzaglio, e non sapeva come cavarsela. Egli fissò le fanciulle sbarrando i suoi rossi occhi di fuoco, e strillò: "Cosa state a fare non potete avvicinarvi e darmi una mano?".

"Cos'hai fatto, omino?" domandò Rosarossa.

"Stupida curiosaccia," rispose il nano "volevo spaccar l'albero, per avere legna minuta in cucina; i ceppi grossi, quei due bocconcini che occorrono a noialtri, li bruciano subito; noi non buttiamo mica giù tanta roba come voi, ingordi zoticoni! Ero già riuscito a ficcarci il cuneo, e tutto mi sarebbe andato benone; ma quel maledetto pezzo di legno era troppo liscio e saltò fuori all'improvviso, e l'albero si richiuse così in fretta, che non ho più potuto tirar fuori la mia bella barba bianca: adesso è lì dentro, e io non posso andarmene. Guarda come ridono quelle due poppanti! stupide facce pelate! Puh, come siete brutte!".

Le bambine ci si misero d'impegno, ma non riuscirono a tirar fuori li barba: era troppo ben incastrata.

"Correrò a chiamar gente!" disse Rosarossa.

"Stupide pazze," squittì il nano "non ci mancherebbe altro! Siete già troppe in due: non avete niente di meglio da inventare?".

"Non essere impaziente!" disse Biancaneve; "ci penserò io". Trasse di tasca le sue forbicine e gli tagliò la punta della barba. Appena il nano si sentì libero, afferrò un sacco pieno d'oro, che era nascosto fra le radici dell'albero, lo tirò fuori, borbottando: "Che villanzone, tagliarmi un pezzo della mia magnifica barba! Il diavolo vi porti!".

Si gettò il sacco sulle spalle e se ne andò, senza neanche voltarsi a guardarle.

Dopo qualche tempo, Biancaneve e Rosarossa pensarono di andarsi a pescare con la lenza un bel piatto di pesce. Quando furono vicino al ruscello videro qualcosa che somigliava a una grossa cavalletta saltellar verso l'acqua, come se volesse buttarcisi. Accorsero e conobbero il nano. "Dove vuoi andare?" disse Rosarossa "non vuoi mica gettarti in acqua?".

"Non sono così pazzo!" strillò il nano. "Non vedete? quel maledetto pesce vuol tirarmi dentro!"

L'omino si era seduto a pescare, e disgraziatamente, per il vento, la barba gli si era intricata con la lenza; subito dopo abboccò un grosso pesce e la debole creatura non riuscì a sollevarlo. Il pesce aveva il sopravvento e trascinava giù il nano. Certo, egli si teneva a tutti gli steli e ai giunchi, ma serviva a ben poco: doveva seguire i movimenti del pesce e rischiava continuamente d'esser tirato in acqua. Le fanciulle arrivarono in tempo, lo tennero fermo e cercarono di districar la barba dalla lenza, ma invano: barba e lenza erano strettamente aggrovigliate. Non restò che tirar fuori le forbicine e tagliar la barba, sacrificandone un pezzettino.

A quella vista, il nano si mise a strillare: "Se è questa, brutti rospi, la maniera di sconciar la faccia a un individuo? Non bastava avermi spuntato la barba, adesso me ne tagliate via la parte più bella! Non posso più farmi veder dai miei! Possa vedervi correre, senza più suole ai piedi!".

Poi andò a prendere un sacco di perle, nel canneto, e, senza più dir parola, se lo trascinò via e scomparve dietro una pietra.

Or avvenne che, poco tempo dopo, la madre mandò le due bambine in città a comprar filo, aghi, stringhe e fettuccia. La strada le condusse attraverso una piana, sparsa di grossi macigni. E là videro un grande uccello librarsi nell'aria, roteare lentamente sulle loro teste, poi calar sempre più basso, finché atterrò poco lontano, presso una rupe. Subito dopo udirono uno strillo acuto e doloroso. Accorsero, e videro con terrore che l'aquila aveva ghermito il loro vecchio conoscente, il nano, e stava per portarlo via. Le bimbe pietose tennero stretto l'omino; e tira di qua, tira di là, alla fine l'aquila dovette abbandonar la sua preda. Quando il nano si fu riavuto dal primo spavento, gridò con la sua voce stridula: "Non potevate trattarmi con più riguardo? Avete tirato tanto il mio giubbetto sottile che adesso è tutto lacero e bucato, sciattone e balorde che siete".

Poi prese un sacco di pietre preziose e si cacciò di nuovo nella tana, sotto le rupi. Le fanciulle erano già avvezze alla sua ingratitudine, e proseguirono il cammino e sbrigarono le loro faccende in città. Al ritorno, ripassando per la piana, sorpresero il nano, che aveva rovesciato il suo sacco di pietre preziose in un bel posticino senza pensare che a ora così tarda potesse ancora venir qualcuno.

Il sole al tramonto batteva sulle splendide gemme, che scintillavano e sfolgoravano in mille colori, così meravigliosamente, che le bambine si fermarono a guardarle.

"Cosa fate lì, a bocca aperta" strillò il nano, e la sua faccia color della cenere diventò paonazza dalla collera. Stava per lanciare altre ingiurie, quando si udì un cupo brontolio, e un orso nero uscì trottando dal bosco. Il nano balzò in piedi, atterrito, ma non poté più raggiungere il suo nascondiglio: l'orso era già li. Allora gridò affannosamente: "Caro signor orso, risparmiatemi! Vi darò tutti i miei tesori! guardate, belle pietre preziose! Fatemi grazia, che v'importa di un piccolo striminzito come me? Non mi sentite neanche sotto i denti. Prendete piuttosto quelle due malnate ragazze, per voi son bocconi prelibati, grasse come giovani quaglie! mangiate quelle, in nome di Dio!".

L'orso non badò alle sue parole, non gli dette che una zampata, e quel malvagio non si mosse più.

Le fanciulle eran scappate via, ma l'orso le chiamò, gridando: "Biancaneve, Rosarossa, non abbiate paura! Aspettate, vengo con voi".

Allora esse riconobbero la sua voce e si fermarono; e quando la bestia le raggiunse, la pelle d'orso cadde all'improvviso, ed ecco, egli era un bel giovane tutto vestito d'oro.

"Sono il figlio di un re," disse "e il perfido nano, che aveva rubato i miei tesori, mi aveva stregato; e dovevo correr per il bosco sotto forma d'orso selvaggio, finché la sua morte non mi liberasse. E così egli ebbe il meritato castigo".

Biancaneve sposò il principe, e Rosarossa suo fratello, e si spartirono quei gran tesori che il nano aveva ammassato nella sua caverna. La vecchia madre visse ancora molti anni presso le figlie, tranquilla e felice. Ma portò con sé i due rosai, che davanti alla sua finestra davano ogni anno le più belle rose, bianche e rosse.

****

Questa fiaba ha per noi grande interesse, in quanto propone un'integrazione pacifica tra mondo maschile e mondo femminile. La situazione iniziale, come fanno notare Marie-Louise von Franz ed Eugen Drewermann, dipinge il paradiso innocente e sereno dell'infanzia, nel quale manca però l'elemento maschile, rappresentato dall'orso. Le due bambine, Rosarossa e Biancaneve, rappresentano l'estate e l'inverno, l'estroversione e l'introversione, l'esuberanza e la calma; ma pur essendo l'una l'opposto dell'altra vivono in armonia, completandosi a vicenda nel ventre della natura. La madre delle due bambine potrebbe rappresentare la dea-madre, che in unione con la natura cresce le bambine con bontà, senza temere che le piccole dormano nel bosco, dove non ci sono pericoli. Un giorno però le due bambine si accorgono di aver dormito sull'orlo di un precipizio, protette dall' "angelo che veglia sui bambini buoni": il precipizio rappresenta i pericoli del mondo esterno, che cominciano ad entrare nel microcosmo dell'infanzia, ancora sviati però dall'io infantile, che protegge le bambine. È tuttavia giunto il momento che l'infanzia finisca, per questo arriva l'orso. Le due bambine hanno inizialmente paura dell'orso, ma la dea madre le rassicura, permettendo all'orso di entrare a far parte della loro intimità senza i contrasti che troviamo ad esempio in Cappuccetto Rosso (dove il lupo è violento). Così le due bambine giocano con l'orso e gradualmente lo accettano. L'orso però non è ancora immagine del principio maschile rivelato, ma è immagine del principio maschile nascosto sotto la pelle d'orso. Ricorda a questo proposito la von Franz, che l'orso era nella mitologia greca un animale della dea-madre, e gli autori medievali l'associavano alla Vergine Maria. In Grecia vigeva il culto della dea Artemide

Brauronia, venerata in forma d'orso. Fanciulle di buona famiglia erano consacrate, tra i dodici e i sedici anni, al suo servizio. Durante questo periodo le ragazzine non curavano la propria persona e si esprimevano in modo volgare, venivano per questo chiamate orsacchiotte. Queste società avevano il compito di rafforzare la personalità delle giovani, infatti le facevano entrare più tardi nella vita, già provviste di una certa maturità raggiunta sotto la protezione di una brutta pelle d'orso, che permetteva loro di non scontrarsi anzitempo con il problema della sessualità. L'orso rappresenta anche l'Animus (intendendo per Animus il termine junghiano che indica la personalità interiore della donna, contenente le qualità che fanno difetto all'atteggiamento cosciente, e per cui in particolare qualità maschili, che non possono esprimersi nell'atteggiamento cosciente femminile). Dunque il principio maschile entra a far parte della vita delle bambine, ma ancora mascherato. Quando d'estate l'orso deve andare via per proteggere i suoi tesori dai nani, le bambine incontrano per tre volte un nano, e per tre volte lo aiutano a liberarsi prima dall'albero, che rappresenta la terra, poi dal pesce, che rappresenta l'acqua, e infine dall'aquila, che rappresenta l'aria. Secondo Drewermann, il nano è la reincarnazione dello spirito infantile, la coscienza dell'infanzia ferma a uno stadio poco sviluppato, capricciosa e litigiosa, carente di una moralità autentica. Le bambine, seppur emancipandosi dal nano e non lasciandosi sottomettere, lo salvano perché recidendolo troppo presto e in modo brusco, prima di essere diventate adulte, negherebbero all'orso la possibilità di umanizzarsi seguendo il naturale sviluppo delle cose. Secondo la von Franz invece, il nano rappresenta un tipo negativo di Animus, che si oppone a quello positivo rappresentato dall'orso, in quanto, seppur burbero e vendicativo, è debole e incapace di sopravvivere da solo. Invece l'orso, in quanto

Animus positivo, è capace, una volta giunto il momento, di uccidere il nano senza mostrare la pietà che era propria delle bambine, troppo tenere perché prive di una componente maschile. Dopo aver ucciso il nano, l'orso si trasforma in un bellissimo principe vestito d'oro, infatti era sotto l'effetto di un sortilegio lanciatogli dal nano, che solo la morte di quest'ultimo poteva sciogliere. È quindi evidente che le due bambine sono diventate adulte: rotto l'incantesimo, affiora l'aspetto regale della psiche. Come scrive Drewermann, attraverso passaggi graduali, quando i tempi sono maturi, dalle forze istintive della sessualità nasce un amore umano. Siamo di fronte a una trasformazione tipica delle fiabe degli sposi-animali, e che è presente, seppur variata, nella novella di Amore e Psiche. La von Franz nota inoltre che l'apparizione improvvisa del fratello del principe dopo la morte del nano, potrebbe significare che l'energia psichica investita nella forma del nano sia stata trasportata ad un gradino più evoluto: il nano è morto e si è trasformato in un secondo principe. Abbiamo così un matrimonio quaternario, simbolo dell'unificazione degli opposti e della totalità che è stata costruita. A illuminare il quadro finale resta la presenza della dea-madre, che andando a vivere con le figlie porta nel mondo della civiltà la natura: uomo e natura, coscienza e inconscio, passato e presente, uomo e donna, sono così perfettamente integrati. Si realizza il miracolo dell'armonia che preserva anche l'integrità infantile, l'unità mai perduta. Non a caso la fiaba si chiude con l'immagine di apertura: i due rosai, quello bianco e quello rosso, continuano a crescere offrendo le rose più belle.

Rosaspina (Grimm, N. 50)

C'era una volta un re e una regina che ogni giorno dicevano: "Ah, se avessimo un bambino!" Ma il bambino non veniva mai. Un giorno, mentre la regina faceva il bagno, ecco che un gambero saltò fuori dall'acqua e le disse: "Il tuo desiderio sarà esaudito: darai alla luce una bambina."

La profezia del gambero si avverò e la regina partorì una bimba così bella che il re non stava più nella pelle dalla gioia e ordinò una gran festa. Non invitò soltanto i suoi parenti, amici e conoscenti, ma anche le fate perché, fossero benevole e propizie alla neonata. Nel suo regno ve n'erano tredici, ma siccome egli possedeva soltanto dodici piatti d'oro per il pranzo, dovette rinunciare a invitarne una.

Dopo la festa, le fate diedero alla bimba i loro doni meravigliosi: la prima le donò la virtù, la seconda la bellezza, la terza la ricchezza, e così via, tutto ciò che si può desiderare al mondo. Dieci fate avevano già formulato il loro auspicio, quando giunse la tredicesima che voleva vendicarsi perché, non era stata invitata. Ella disse ad alta voce: "A quindici anni, la principessa si pungerà con un fuso e cadrà a terra morta." Allora si fece avanti la dodicesima, che doveva formulare il suo voto; certo non poteva annullare la spietata sentenza, ma poteva attenuarla e disse: "La principessa non morirà ma cadrà in un sonno profondo che durerà cento anni."

Il re, sperando di poter preservare la sua bambina da quella grave disgrazia, ordinò che tutti i fusi del regno fossero bruciati. Frattanto, nella fanciulla si adempirono i voti delle fate: ella era così bella, virtuosa, gentile e intelligente, che non si poteva guardarla senza volerle bene. Ora avvenne che proprio il giorno in cui compì quindici anni, il re e la regina erano fuori ed ella rimase sola nel castello. Giro dappertutto, visitò ogni stanza a piacer suo e giunse infine a una vecchia torre. Salì una stretta scaletta che la condusse fino a una porticina. Nella serratura c'era una chiave arrugginita e quand'ella la girò, la porta si spalancò: in una piccola stanzetta c'era una vecchia con un fuso che filava con solerzia il suo lino.

"Oh, nonnina," disse la principessa, "che cosa stai facendo?" - "Filo," rispose la vecchia, e assentì con il capo. "Come gira quest'aggeggio!" esclamò la fanciulla, e prese in mano il filo per filare anche lei. Ma non appena lo toccò, si compì l'incantesimo ed ella si punse un dito.

Come sentì la puntura, cadde a terra in un sonno profondo. E il re e la regina, che stavano rincasando, si addormentarono anch'essi con tutta la corte. I cavalli si addormentarono nelle stalle, i cani nel cortile, le colombe sul tetto, le mosche sulla parete; persino il fuoco che fiammeggiava nel camino si smorzò e si assopì, l'arrosto smise di sfrigolare e il cuoco, che voleva prendere per i capelli uno sguattero colto in flagrante, lo lasciò andare e si addormentò anche lui. Tutto ciò che aveva parvenza di vita, tacque e dormì.

Intorno al castello crebbe una siepe di fitte spine, che ogni anno diventava sempre più alta finché, arrivò a cingerlo completamente e a ricoprirlo tutto; così non se ne vide più nulla, neanche le bandiere sul tetto. Ma nel paese si diffuse la leggenda di Rosaspina, la bella addormentata, come veniva chiamata la principessa; e ogni tanto veniva qualche principe che si avventurava attraverso il roveto tentando di raggiungere il castello. Ma non riuscivano a penetrarvi perché, le spine li trattenevano come se si fosse trattato di mani, ed essi si impigliavano e morivano miseramente.

Dopo molti, molti anni, giunse nel paese un altro principe; un vecchio gli parlò dello spineto che circondava un castello nel quale una meravigliosa principessa di nome Rosaspina dormiva con tutta la corte. Già suo nonno gli aveva narrato che molti principi avevano tentato di penetrare fra le spine ma vi erano rimasti imprigionati ed erano miseramente periti. Allora il giovane disse: "Io non ho timore: attraverserò i rovi e vedrò la bella Rosaspina." Il vecchio cercò di dissuaderlo in tutti i modi, ma egli non gli diede retta.

Ora, proprio il giorno in cui il principe tentò l'impresa erano trascorsi cento anni. Quando si avvicinò al roveto, non trovò che fiori bellissimi che si scostarono spontaneamente al suo passaggio, ricongiungendosi alle sue spalle, sicché, egli passò illeso. Giunto nel cortile del castello, vide cavalli e cani da caccia pezzati che dormivano, distesi a terra; sul tetto erano posate le colombe con le testine sotto l'ala. Quando entrò, le mosche dormivano sulla parete e il cuoco, in cucina, tendeva ancora la mano per afferrare lo sguattero, mentre la serva sedeva davanti al pollo nero che doveva spennare.

Egli andò oltre e vide dormire tutta la corte e in alto, sul trono, dormivano il re e la regina. Proseguì ancora e il silenzio era tale che egli udiva il proprio respiro. Finalmente giunse alla torre e aprì la porta della cameretta in cui dormiva Rosaspina. Giaceva là, ed era così bella che egli non riusciva a distoglierne lo sguardo. Si chinò e le diede un bacio.

E, come l'ebbe baciata, Rosaspina aprì gli occhi, si svegliò e lo guardò tutta ridente. Allora scesero insieme e il re, la regina e tutta la corte si svegliarono e si guardarono l'un l'altro stupiti. I cavalli in cortile si alzarono e si scrollarono; i cani da caccia saltarono su scodinzolando; le colombe sul tetto levarono la testina da sotto l'ala, si guardarono intorno e volarono nei campi; le mosche ripresero a muoversi sulle pareti; il fuoco in cucina si ravvivò, si mise ad ardere e continuò a cuocere il pranzo; l'arrosto ricominciò a sfrigolare, il cuoco diede allo sguattero uno schiaffo che lo fece gridare, e la serva finì di spennare il pollo.

Poi furono celebrate con gran fasto le nozze del principe e di Rosaspina, che vissero felici fino alla morte.

****

In questa fiaba ha un ruolo principale la figura della fata cattiva, che ricalca l'antica figura della dea-madre. La figura della dea-madre in antichità era composta di un lato luminoso e materno, e di un lato oscuro ed impulsivo, entrambi questi aspetti venivano accettati. Successivamente, con l'affermarsi del cristianesimo, l'aspetto sessuale ed impulsivo è stato rimosso, e al posto del culto della dea-madre è iniziata la devozione per la Vergine Maria, che tende a purificare la dea dal suo aspetto oscuro. Scrive la von Franz: "Fu di nuovo accolta la dea-madre, purché si sottomettesse all'approvazione dell'uomo e si comportasse convenientemente." In Rosaspina la fata cattiva, che si vendica perché è stata dimenticata, ci ricorda Afrodite (tipico esempio di dea-madre) che punisce Psiche perché i mortali adoravano la ragazza al suo posto. In questo caso, la dea e la fata sono espressione di una femminilità assolutamente spontanea, che essendo stata rimossa dalla vita conscia della società si esprime nella fiaba. Tale femminilità si vendica appunto perché è stata dimenticata dalla società, e per questo impone a Rosaspina la maledizione, per porre il problema della propria esistenza.

Il lato oscuro della natura, condannando Rosaspina alla morte, minaccia di separarla, all'età della pubertà, da tutta la vita circostante. Ciò, come spiega la von Franz, significa che lo sviluppo di una certa parte della femminilità, è consentito dalla civiltà solo se non oltrepassa il livello infantile di sottomissione. Tuttavia l'ultima fata trasforma la morte in un sonno di cento anni: dopo quel periodo la difficile fase dell'adolescenza finirà in modo naturale, e il principe, elemento maschile, potrà svegliare e sposare la ragazza. Rosaspina, una volta svegliatasi, è una donna con una nuova sessualità, non impulsiva ed estrema come quella della dea-madre, ma capace di integrarsi con la società. Ella ha rischiato, con l'arrivo del menarca (rappresentato dal sangue che esce dal dito punto dal fuso) di perdersi in una sessualità ancestrale, che però riesce a superare dopo un lungo periodo di sonno, rappresentante il periodo difficile della pubertà. Così la sessualità impulsiva e naturale femminile, si mitiga e si integra con il mondo maschile, e ne nasce il matrimonio, base della società. Se il carattere oscuro della dea madre non si fosse mitigato, il matrimonio sarebbe stato distrutto dalla sua sessualità impulsiva. Anche nella novella di Amore e Psiche Afrodite, dea-madre impulsiva, si incarna sulla terra nella forma umana di Psiche, più moderata e umile; alla fine della storia inoltre Psiche viene divinizzata, prendendo in qualche modo il posto di Afrodite, che rappresentava una sessualità troppo istintiva.

5 LA "POPULAR BALLAD"

La ballata è un altro importante mezzo d'espressione popolare, ma mentre le fiabe vengono raccontate, le ballate sono cantate.

Prendiamo ad esempio la ballata Tam Lin, riportata di seguito.

Tam Lin (Child Ballad 39)

I forbid ye, maidens a
That wear gold in your hair
Tae come or gae by Carterhaugh
For young Tam Lin is there.

There's nane that gaes tae Carterhaugh
But pays to him their fee,
Either their rings or green Mantles
Or else their maidenheid.

Janet has kilted her green kirtle
A little abune her knee,

And she has gane to Carterhaugh
As fast as she could hie

She hadnae pu'd a double rose
A rose but and a briar
When oot and started Young Tam Lin,
Says, "Lady, ye'll pu' nae mair."

'Why pu' ye the rose, lady,
And why break ye the wand?
And why come ye tae Carterhaugh
Withooten my command?"

"Carterhaugh is mine," she said,
My daddy gie tae me,
And I will come tae Caterhaugh
Withoot the lief o' thee."

He's taen her by the milk-white haund
And by the grass-green sleeve,
And laid her doon upon a bank,
And didnae ask her leave.

Janet has kilted her green kirtle
A little abune her knee,
And she has gane tae her daddy's hoose
As fast as she could hie.

There were fowre-and-twenty ladies fair
A-playing' at the ba',
And Janet gaed like ony queen,
A flowr amang them a'.

There were fowre-and-twenty ladies fair

A-playing' at the chess,
And Janet gaed amang them a'
As green as ony grass.

Oot spak then an auld grey knicht,
Stood owre the castle wa',
And said, "Alas, dear Janet
But I fear ye've gotten a fa',
Your petticoat is gey shorter
And we'll be blamed a'."

O Haud yer tongue, ye old grey knicht
And an ill deith may ye dee
Faither my bairn on wha I will
I'll faither nane on thee.

Then oot spak her auld faither,
Says, "Janet, you're beguiled.
Your petticoat is gey shorter
I fear ye gang wi' child."

"O if I gang wi' bairn, faither,
It's I will tak' the blame.
There's no' a knicht aboot your ha'
Sha' bear my bairnie's name.

Janet as kilted her green kirtle
A little abune her knee,
And she's has gane tae Carterhaugh
As fast as she could hie

She hadnae pu'd a double rose
A rose but and a briar
When oot and started Young Tam Lin,

Says, "Janet, ye'll pu' nae mair."

"Why pu' ye the rose, Janet,
Amang the leaves sae green?
A' for to kill the bonnie babe
That we gat us between."

"Tell me, noo, Tam Lin," she said,
"For's His sake wha died on tree,
Gin ever ye were in holy kirk
Or else in Christendee.

"Roxburgh was my grandfaither
And wi' him I did ride,
And it fell oot upon a day
That wae did me betide.

Ay, it fell oot upon a day,
A cauld day and a snell,
When we were fae the hunting come
That fae my horse I fell.

The Queen o' Elfinland passed by,
Took me wi' her to dwell,
E'en whaur there is a pleasant place
For them that in it dwell,
Though at the end o' seiven year
They pay their soul to Hell.

The nicht it is auld Hallow E'en
When elfin folk do ride,
And them that would their true-loves win
At Miles Cross they maun bide.

"But tell me noo, Tam Lin," she said,
"When ye're amang the thrang,
Hoo should I ken my ain true-love
Amang that unco band?"

"Some will ride the black, the black,
And some will ride the broon,
But I'll be on the milk-white horse
Shod wi' the siller shoon.

"The ae hand will be gloved, Janet
The other will be bare,
And by these tokens' I'll gie ye,
Ye'll ken that I am there.

"The first company that passes by,
Say "na" and let them gae,
The second company that passes by,
Then let them gang their way,
But the third company that passes by
Then I'll be yin o' they.

Ye'll hie ye tae my milk-white steed
And pu' me quickly doon,
Throw your green kirtle owre me
To keep me fae the rain

They'll turn me in your airms, lady
Tae an adder and a snake,
But haud me fast unto yer breist
Tae be your worldy mate.

They'll turn me in your airms, lady
A spotted toad to be,

But haud me fast unto your breist
T'enjoy your fair body.

They'll turn me in your airms, lady
Tae a mither-naked man,
Cast your green kirtle owre me
To keep me frae the rain.

First put me in a stand o' milk
Syne in a stand o' water,
And haud me fast unto your breist
I am your bairn's father.

Janet has kilted her green kirtle
A little abune her knee
And she has gane tae Miles Cross
As fast as she could hie.

The first company that passed her by
She said "na" and let them gae,
The second company that passed her by
She let them gang their way
But the third company that passed her by
Then he was yin o' they.

She's heid her to his milk-white steed
And pu'd him quickly doon,
Cast her green kirtle owre him
To keep him fae the rain.

They've turned him in his lady's airms
Tae an adder and a snake,
She held him fast unto heir breist
He was her worldy mate.

They've turned him in his lady's airms
A spotted toad to be,
She held him fast unto heir breist
T'enjoy her fair body.

They've turned him in his lady's airms
Tae a mither-naked man,
She's cast her green kirtle owre him
To keep him fae the rain.

She's put him in a stand o' milk,
Syne in a stand o' water,
She's held him fast unto her breist,
He was her bairn's faither.

Oot spak the Queen O' Elfinland
Oot o' a bush o broom,
"O, wha' has gotten young Tam Lin
Has gotten a stately groom

Oot spak the Queen o' Elfinland
Oot o' a thorny tree,
O', wha has gotten young Tam Lin
Has taen my love fae me.

"Gin I had kent, Tam Lin," she said
"A lady would borrow thee,
I would hae torn oot thy twa grey e'en
Put in twa e'en o' a tree.

"Gin I had kent, Tam Lin," she said
"When first we came tae home,
I would hae torn oot that hairt o' flesh,

Put in a hairt o' stane."

Traduzione

Attente voi tutte fanciulle
che portate l'oro nei capelli
di venire o andare a Carterhaugh
che il giovane Tam Lin vi dimora!

Tutte coloro che vanno a Carterhaugh
un pegno devono lasciare:
o l'anello o il verde mantello
o la loro verginità.

Janet con la veste verde
che scopre le gambe di un po'
fino a Carterhaugh procede,
corre più svelta che può.

Aveva già colto una rosa
un'altra voleva staccare
ed ecco, le appare Tam Lin:
"Donna, non me le toccare!

Perché raccogli la rosa, signora,
e perché spezzi i rami?
e perché vieni a Carterhaugh,
senza il mio permesso?"

"Carterhaugh è mia"- disse lei
"mio padre a me la diede
e verrò a Carterhaugh

senza la tua volontà"

La prese per la mano bianca come giglio
e per la manica verde-erba
e la appoggiò a terra
senza chiederle il permesso

Janet rimbocca la veste verde
un po' sopra il ginocchio,
va al palazzo del padre
più veloce che può.

C'erano ventiquattro belle dame
che giocano a palla
e Janet procedeva come regina
un fiore tra le belle

Ventiquattro belle dame
giocano agli scacchi;
ecco che viene la bella Janet
più verde dell'erba.

Parlò un vecchio cavaliere grigio
appoggiato al muro del castello:
"Ahimè, cara Janet,
ma temo che hai commesso uno sbaglio,
la tua gonna è troppo corta
e il biasimo ricadrà su tutti noi!".

"Sta' zitto, cavaliere grinzoso,
che tu muoia di morte tremenda!
accetta come padre chi voglio,
ché nessuno di voi lo è di mio figlio."

Parlò allora il vecchio padre amato
e disse:" Janet, sei stata sedotta
la tua gonna è troppo corta
temo che dovrai andare via
con il tuo bambino."

"Se con lui devo andarmene, padre,
io sola ne porto il biasimo:
non c'è signore nel tuo palazzo
che possa dargli il nome.

Janet rimbocca la veste verde
che scopre le gambe di un po',
e corre a Carterhaugh
più veloce che può.

Aveva colto due rose,
una sola rosa o due,
che comparve il giovane Tam Lin
dicendo di non coglierne più.

"Perché cogli le rose, Janet,
nei boschi d'alberi verdi,
per uccidere il bimbo grazioso,
forse, che è nato fra noi?"

"Dimmi, dolce Tam Lin, - lei disse-
per amore di chi è morto in croce,
sei mai stato in una cappella,
o hai mai visto i cristiani?"

"Mio nonno era di Roxbrugh
e cavalcavo con lui;
ma giunse un giorno l'ora

in cui male mi colse:

Sì, giunse un giorno l'ora
un giorno freddo e pungente.
tornavamo da caccia
e caddi dal mio cavallo;

La regina delle Fate stava passando,
e mi prese a vivere con lei,
bella è la terra delle fate
per coloro che vi dimorano
ma quando scadono i sette anni
si paga un tributo all'Inferno.

Nella notte della vigilia d'Ognissanti,
cavalcherà il popolo delle Fate
e se vuoi conquistare l'amore
devi attendere alla croce."

"Come riconoscerti, Tam Lin, - lei disse-
come trovare il mio vero amore
in mezzo a tanti cavalieri
fantastici e senza simili?"

"Lascia passare il cavallo nero,
poi lascia passare il morello,
corri al destriero biancolatte
e trascina in terra il cavaliere.

Nella destra avrò un guanto, Janet,
e la sinistra sarà nuda,
questi sono i segni che ti do
e non temere non mancherò.

La prima schiera che passa
di "no" e lasciala andare
la seconda schiera che passa
lasciala andare per la sua strada
ma la terza schiera che passa
allora io sarò tra loro.

Allora ferma il mio cavallo bianco-latte
e tirami giù veloce,
getta il tuo mantello verde su di me
e nascondimi alla vista.

Mi muteranno nel tuo abbraccio
in una vipera e un serpente,
ma tienimi stretto, non temere,
sono il padre del tuo bambino.

Mi muteranno nel tuo abbraccio
in un rospo pieno di macchie
ma tienimi stretto, non temere,
per godere del tuo bel corpo

Mi muteranno nel tuo abbraccio
diventerò un nudo cavaliere
coprimi con il tuo manto verde
e nascondimi alla vista."

Prima mettimi in una tinozza di latte
poi in una d'acqua
e tienimi stretto tra le braccia
sono il padre del tuo bambino

La bella Janet col manto verde
un po' alzato sulle ginocchia

va in cerca della croce
più veloce che può

La prima schiera che le passa vicino
dice "no" e la lascia andare
la seconda schiera che passa
la lascia andare per la sua strada
ma la terza schiera che le passa vicino
allora egli sarà tra di loro.

Corre lesta verso il cavallo biancolatte
e trascina a terra il cavaliere
getta il suo mantello verde su di lui
e lo nasconde alla vista.

Lo mutarono nel suo abbraccio
in una vipera e un serpente,
ma ella lo tenne stretto tra le braccia
era il padre del suo bambino.

Lo mutarono nel suo abbraccio
in un rospo pieno di macchie
ma ella lo tenne stretto tra le braccia
per godere del suo bel corpo

Lo mutarono nel suo abbraccio
in un nudo cavaliere
lei lo coprì con il tuo manto verde
e lo nascose alla vista.

Lo mise in una tinozza di latte
poi in una tinozza di acqua
e lo tenne stretto tra le braccia
egli era il padre del suo bambino

Parlò allora la Regina delle Fate
da un cespuglio di erica assai fitto:
"Chi si è preso il giovane Tam Lin
si è preso un amante nobilissimo."

Parlò ancora la Regina delle Fate
da un cespuglio spinoso assai fitto:
"Chi si è preso il giovane Tam Lin
ha preso il mio amore.

Ma se avessi saputo, Tam Lin,
che una dama ti avrebbe liberato
ti avrei strappato i begli occhi grigi
e messo al posto due occhi di legno.

Ma se avessi saputo, Tam Lin,
che alla fine saresti ritornato a casa
ti avrei strappato il tuo cuore di carne
e messo al posto un cuore di pietra"

Tam Lin è una ballata di origine scozzese e risale al primo Medioevo. Poiché veniva cantata e trasmessa oralmente ne esistono moltissime varianti, alcune anche in forma di fiaba.

La ballata ricalca sicuramente un antico rituale di iniziazione sessuale, si avverte però in essa la forte influenza delle nuove credenze cristiane. L'avvertimento della prima strofa sembra alludere ad un rito che prevedeva di lasciare in pegno il mantello verde, simbolo della protezione paterna alla verginità della ragazza, o l'anello, simbolo di un voto. Inoltre, come scrive Giordano

Dall'Armellina, sappiamo che era costume per le ragazze da marito portare dei fermagli d'oro nei capelli, quindi il menestrello si rivolge alle ragazze vergini, in attesa della loro iniziazione sessuale.

All'inizio della storia siamo in maggio, infatti sono sbocciate le rose. Maggio è il mese della primavera, della rinascita della natura e quindi della fertilità. La fanciulla ricerca volontariamente la prima esperienza sessuale inoltrandosi nel bosco sacro. La rosa fiorita allude alla verginità della giovane ragazza e alla sua sessualità sbocciata ma non ancora colta. La ragazza coglie le rose, preannunciando la perdita della verginità. Tam Lin la rimprovera perché per entrare nel bosco sacro bisogna avere il permesso delle fate, ma il bosco appartiene al padre di Janet, un nobile, quindi la fanciulla è superba e sconsiderata. La deflorazione di Janet avviene senza il suo permesso, per questo dal punto di vista della fanciulla sembra essere avvenuto una sorta di stupro. In altre versioni questo particolare non è esplicitato, il che fa pensare ad una cristianizzazione della ballata, che potrebbe voler mettere in rilievo la purezza di Janet nonostante la perdita della verginità. Quando il padre scopre la gravidanza di Janet lei cerca delle erbe abortive nel bosco, perché non può sposare un elfo e considera sua la responsabilità dell'avvenuto. Ma Tam Lin la ferma e le racconta di aver avuto natura umana e nobili origini. Dopo aver scoperto che il suo amante era umano, Janet decide di tenere il bambino e di combattere per ritrasformare Tam Lin in un uomo e liberarlo dalla schiavitù della regina delle fate, che potrebbe rappresentare un sorta di dea-madre che vive in unione con la natura. Ora siamo in inverno, infatti è in arrivo la notte di Halloween, una delle feste celtiche più importanti, detta Samhain. L'Inferno che aspetta il cavaliere dopo i sette anni passati nel magnifico regno delle fate, si ricollega alla nuova visione cristiana che tende a demonizzare le antiche creature mitologiche pagane. Janet deve dunque salvare Tam Lin, poiché lui è padre del suo bambino e solo così potrà coronare un matrimonio puro. Il cavallo bianco montato da Tam Lin è simbolo della purezza del cavaliere, che, al contrario degli altri elfi e fate del corteo, ha ancora natura umana. Janet dovrà stringere tra le braccia Tam Lin e superare la paura degli animali in cui lui si trasformerà: un serpente, una vipera e un rospo. L'uomo che prende la forma del serpente si ritrova in molte fiabe, prima fra tutte la novella di Amore e Psiche. Secondo Jung il serpente è "un vertebrato che incarna la psiche inferiore, lo psichismo oscuro, ciò che è raro, incomprensibile, misterioso." Il serpente rappresenta un complesso archetipale legato alla fredda, vischiosa e sotterranea notte delle origini; è il vecchio dio primevo che troviamo all'inizio di tutte le cosmogonie, prima che venga detronizzato dalle religioni spirituali. Nel tantrismo il serpente è ricollegato al pene: quando si sveglia il serpente sibila e si tende permettendo l'accensione del chakra e l'ascesa della libido. Lo stesso Bacco, secondo le tradizioni cretese, frigia e orfica, era stato generato dall'unione di Zeus trasformato in serpente e di Persefone. Anche nelle vite apocrife di Cristo si dice che una vergine giudea, secondo Frazer la Vergine Maria, fosse stata visitata da un serpente. Dunque il serpente ha una doppia valenza, positiva e negativa, infatti può portare fecondazione e rinnovamento, ma anche peccato e perdizione, come succede nel mito di Adamo ed Eva. La giovane ragazza incinta deve superare la paura della parte oscura del serpente per portare a termine la gravidanza e salvare il padre del bambino. Il rospo invece è l'animale delle streghe, utilizzato nel Medioevo per i rituali magici, soprattutto quelli d'amore. Sia il rospo che il serpente hanno, oltre che poteri di fecondità, anche poteri di trasformazione: accettando la loro valenza sessuale Janet permette infine a Tam Lin di ritrasformarsi in tutto e per tutto in un umano. Janet deve poi avvolgere con il mantello Tam Lin rinato per nasconderlo dalla regina delle fate; nella tradizione celtica si ritrova spesso il mantello come artificio capace di rendere invisibile o trasformare colui che l'indossa. L'azione di immergere l'amato in una tinozza di latte e poi di acqua alluderebbe ai rituali del parto, e Tam Lin rappresenterebbe, in quanto rinato, il bambino. Dunque la ragazza, dopo l'iniziazione sessuale, è iniziata anche alla gravidanza e al matrimonio. Potremmo dire che Janet ha salvato l'uomo dal desiderio ancestrale della regina delle fate, una sorta di dea-madre dai lati oscuri. Tam Lin era stato imprigionato dalla regina delle fate perché era andato a cacciare nel bosco sacro, irrompendo nel regno magico e compendo quindi un sacrilegio. Qualcosa di simile ha fatto Janet inoltrandosi nel bosco senza permesso. Tam Lin ha vissuto sette anni nel regno delle fate, da lui definito piacevole: i sette anni potrebbero rappresentare il periodo di educazione sessuale del giovane, "il sette indica il senso di cambiamento dopo un ciclo concluso e un rinnovamento positivo," scrive Chevalier. Quindi sia la ragazza che il ragazzo hanno violato con il loro sguardo la sacralità dell'istinto sessuale della natura, ma come Psiche non possono ottenere la conoscenza in un sol colpo, e per assimilare l'istinto sessuale e rinascere come un uomo e una donna maturi hanno bisogno di un periodo di iniziazione, durante il quale devono superare delle prove. Dopo sette anni Tam Lin sarebbe destinato all'Inferno se Janet non lo salvasse riportandolo nella società, e ponendo così termine alla sua trasformazione in uomo maturo. Come Tam Lin ha dato inizio al processo iniziatico di Janet, così Janet conclude quello di Tam Lin. I sette anni di Tam Lin a contatto con l'amore istintuale della regina delle fate sono stati un periodo necessario e positivo, ma tale periodo deve essere superato con l'amore per una donna più umana e "morale", conforme alle regole della società. La regina delle fate, una volta sconfitta, vorrebbe strappare gli occhi di Tam Lin perché con gli occhi lui ha visto il mondo sacro e ancestrale delle fate per poi sfuggirgli, ma grazie a Janet l'uomo potrà mantenere il ricordo di quei sette anni in funzione di una nuova sessualità più equilibrata.

6 CONCLUSIONI

Riassumendo gli aspetti fondamentali emersi dalla ricerca, risulta evidente quanto ipotizzato nell'introduzione: quello dell'amore è un tema universale e contraddittorio.

In tutte le forme che abbiamo analizzato, è rappresentato il percorso che giovani ragazze e ragazzi devono compiere per giungere, nella propria interiorità, all'integrazione dell'amore istintuale con l'anima razionale, e nel mondo esterno, all'integrazione tra i due sessi. Ragazza e ragazzo si aiutano e si mettono alla prova a vicenda per divenire adulti, pronti alla vita matrimoniale approvata dalla società; e non si tratta solo di convenzioni, che in quanto tali sarebbero limitate a precisi luoghi ed epoche, ma di costituire, attraverso un'unione stabile, una famiglia, cioè una cellula essenziale del corpo sociale. Queste storie educano gli adolescenti che per la prima volta devono gestire la passione amorosa, e spesso derivano da riti di iniziazione sessuale. Ricordiamo tuttavia che le tensioni interne al sentimento amoroso si ripresentano spesso anche nella vita adulta, per questo motivo tali storie erano rivolte anche ad un pubblico maturo. In alcuni casi, come nella fiaba di Amore e Psiche e nella ballata di Tam Lin, la fanciulla ha un ruolo più difficile e doloroso nel trasformare sé stessa e l'amato, in quanto deve superare prove particolarmente ardue; il motivo potrebbe stare nel ruolo sociale della donna, che più dell'uomo doveva occuparsi del nucleo familiare e della solidità del matrimonio, ma anche, soprattutto nel caso di Amore e Psiche, nel dovere dell'anima razionale, che pure a volte si identifica con la fanciulla, di accettare la sessualità. Altre volte, come in Rosaspina, l'aspetto irrazionale della sessualità, incarnatosi nella dea-madre, minaccia di isolare la giovane ragazza dalla società, ma dopo un periodo di "stallo adolescenziale" la minaccia svanisce in modo naturale e il ragazzo può sposarla senza superare difficili prove. Succede anche, come in Biancaneve e Rosarossa, che la sessualità e il principio maschile si facciano conoscere poco a poco dalla ragazza, finchè al momento giusto e senza traumi la pelle d'orso del ragazzo svanisce, e lui da adolescente si trasforma in un bellissimo uomo dalla sessualità matura senza che la fanciulla sopporti di unirvisi mentre ha ancora la disgustosa forma animale.

Bisogna inoltre ricordare che sin dall'antichità, oltre alle fiabe rielaborate dal romanzo greco, esistevano anche racconti ironici di amori dissoluti, che si prendevano consapevolmente gioco proprio di quell'istinto sessuale che nelle fiabe appare inconscio e velato, mostrandolo in tutta la sua "distruttività": si tratta di un altro modo di mettersi in rapporto con la componente meramente sessuale dell'amore.

Attraverso gli esempi analizzati, provenienti da epoche e luoghi diversi, si comprende quanto la tematica dell'amore sia densa di significati e tensioni universali, che mettono in gioco l'interiorità di uomini e donne e la loro capacità di convivere nella società, di trovare un'armonia. Si potrebbe ovviamente approfondire la questione, analizzando esempi di culture diverse da quella europea, che rappresentano lo stesso soggetto con infinite variazioni. Il tema dell'amore continua a presentarsi anche nella cultura contemporanea con tutta la sua problematicità e in evoluzione continua. Quello dell'amore nell'immaginario popolare contemporaneo è un campo sconfinato che si potrebbe affrontare analizzando, le nuove forme narrative dedicate al popolo, come fumetti, telefilm, film, pubblicità e social network.

7 BIBLIOGRAFIA

A. Calderini, Gli elementi costitutivi del romanzo greco di prosa, in AA. VV., Il romanzo greco. Guida storica e critica, Roma-Bari, Laterza, 1987, pp. 29-77

I. Calvino, Fiabe italiane raccolte e trascritte da Italo Calvino, vol. I e II, Torino, Einaudi, 1956

J. Chevalier e A. Gheerbrant, Dizionario dei simboli, vol. I e II, Milano, BUR Rizzoli, 2011

B. Lavagnini, Le origini del romanzo greco, in AA. VV., Il romanzo greco. Guida storica e critica, Roma-Bari, Laterza, 1987, pp. 81-97

M. Mortarino, M. Reali, G. Turazza, Nuovo genius loci. Storia e antologia della letteratura latina, vol. III, Torino, Loescher Editore, 2011, pp. 524-551

S. B. Picherle, Raccolta antologica di saggi e articoli. Prima parte (Sulla fiaba e l'avventura), inedito, anno accademico 2009-2010

L. E. Rossi e R. Nicolai, Corso integrato di letteratura greca, vol. III, Milano, Le Monnier, 2007, pp. 538-565

C. Ruiz-Montero, L'analisi del racconto nel romanzo greco, in AA. VV., Il romanzo greco. Guida storica e critica, Roma-Bari, Laterza, 1987, pp. 207-233

M.-L. von Franz, Il femminile nella fiaba, Torino, Bollati

Boringhieri, 2012

M.-L. von Franz, Le fiabe interpretate, Torino, Bollati Boringhieri, 2012

http://www.atlantidezine.it/biancaneve-e-rosarossa-drewermann.html

http://ontanomagico.altervista.org/margaret.htm

SULL'AUTORE

Alessandra Chiara Mansueto, nata nel 1995 a Milano, dopo
aver fatto studi liceali classici, studia Psicologia
all'Università Alma Mater di Bologna, a cui va aggiunta
qualche specifica esperienza formativa all'Università VU di
Amsterdam e all'Università di Maastricht.
Scrive racconti, alcuni dei quali vengono pubblicati dal
magazine online Wall Street International.